アルケミスト双書　タロットの美術史〈4〉

恋人・戦車

鏡 リュウジ

*

The Lovers & The Chariot

Ryuji Kagami

はじめに

「愚者」から始まり「教皇」に至るまで
西欧の伝統的な社会におけるさまざまな階層の人物像から、
タロットの切札は「恋人（愛）」と「戦車」へと続いていく。
僕たちはここで、タロットにおいて初めて具象的な人物ではなく、
概念あるいは行為を図像化した主題に出会うのだが、
その鮮烈さ、力強い躍動感に心をつかまれずにはいられない。
この２枚の札は僕たちが人生で経験する、最も若々しく、
そして最も強烈に生の実感を与えるテーマを描いているようだ。
そう、それは「愛」と「戦い」（の勝利）である！
古代ギリシャの自然哲学者エンペドクレスは、
この世界は元素たちの結合（愛）と離散（闘争）によって
生々流転すると言ったそうだが、ひとつの真理だろう。
僕たちは魂を惹きつけ突き動かす愛に駆り立てられて行動を起こし、ときに争う。
愛の対象は人かもしれないし、仕事かもしれない。
人生は無限ではないのだから、そこには愛に値する
本当に大切なものを「選択」するという課題も関わってくる。
そして苦難の末の勝利のときに、深い充足感を味わい、
心に栄冠を載せて凱旋するのである。
「愛」と「戦車」は、この実社会の中で生きて行動する
人間の歓びと高揚感が描かれているように見える。

鏡 リュウジ

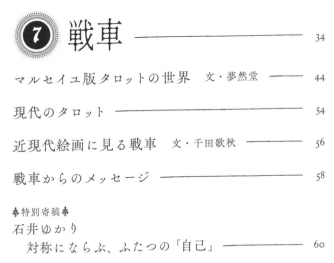

The Lovers

ルーカス・クラーナハ (父) 〈アダムとエヴァ〉
1526 コートールド美術館蔵 (ロンドン)

ウェイト゠スミス版〈恋人〉
Waite-Smith Tarot
1910　イギリス／ロンドン　夢然堂蔵

　い　かにも愛の成就や幸せの絶頂をイメージさせ、
　　　多幸感あふれる「恋人」。時代が下るととも
に人物は3人に増え、愛に「選択」はつきものとい
うメッセージも含むようになる。そして愛にはさま
ざまなかたちがあることをも教えてくれる。

6

恋人 / The Lovers

さまざまな絆を生み、
社会を動かす愛の力を象徴

タロットの中で最も魅惑的なカードのひとつがこの「恋人」だろう。占いで特に需要が多いのは、恋や愛の行方を知りたいという問いではないだろうか。想いを寄せる相手の瞳の奥が見えなくなったと不安を感じる相談者の前に、この「恋人」の札が現れた瞬間を想像してみてほしい。それまで曇っていた相談者の表情がぱっと輝きを取り戻し、高揚する様子が、タロット占い師ならずとも脳裏にすぐ浮かぶはずだ。占いを信じない人にも、「恋人」の札のイメージの力は強く刺さる。

しかし、現実の人生では「愛」は——古くはこの札は「愛」と呼ばれてもいた——実に多様である。現実世界の愛のさまざまなかたちを象徴するように、タロットの図像も歴史と地域を通じて多彩なバリエーションを生み出してきた。タロットの「恋人」の歴史は、人間文化における愛のかたちの変容を映し出すものでもあるのだ。

ルネサンス時代のタロットには愛の力の寓意であるクピド（キューピッド、エロス）のもとで結婚の誓約をする男女が描かれていた。あるいは、パーティーを楽しむ何組かの男女にクピドが矢を放とうとし、愛の炎を着火させようとする。一方で、愛は選択を必然的に伴う。誰を選び、誰を選ばないのか。あるいは選ばれるのか、選ばれないのか。17世紀から18世紀の木版画の「恋人」には、2人からなるカップルではなく3人の人物が描かれ、選択を伴う愛の成就の複雑な様相を描く。そして現代に入り、愛はより多様な姿を見せるようになる。男女のみならず、同性の愛も当然、存在することをタロットは教えてくれるようになった。

愛は世界をつなぐ魔法の紐帯だとルネサンスの哲学者が言った通り、タロットの「恋人」はさまざまな絆を生み出しながら、この社会をまわす愛の力を象徴する。

ヴィスコンティ・スフォルザ版
〈愛〉

Visconti-Sforza Tarot
1480–1500頃　イタリア／ミラノ
モルガン・ライブラリー・アンド・
ミュージアム蔵（ニューヨーク）

現存する最古の札のひとつ。貴族
のカップルが手を取り合っている。
服にはヴィスコンティ家の紋章「光
を放つ太陽」を見ることができる。
裸のプットーとして描かれたクピ
ドは台座の上から2人を包み込も
うとする。クピドの目隠しは伝統
的なモチーフだが、これは「愛は
盲目」という言葉に代表される、合
理を超えた愛の力を表すのだろうか。

ヴィスコンティ・ディ・
モドローネ・タロット
〈愛〉

Visconti di Modrone Tarot
1445頃　イタリア
イェール大学図書館蔵（ニューヘイブン）

こちらも現存する最古の札のひと
つ。大きなパラソルの下で手を取
り合う恋人たち。足元では子犬も
じゃれてはしゃぎ、華やいだムー
ドが感じられる。目隠しをして空
中を飛ぶクピドの赤で縁どられた
緑の翼が印象的だ。

シャルル6世のタロット
〈恋人〉

Charles VI Tarot
1475–1500頃　イタリア
フランス国立図書館蔵（パリ）

かつて誤って「シャルル6世の
タロット」と称されたが、実際
には15世紀以降の作。3組のカッ
プルが描かれるのがユニーク。雲
の上には矢をつがえた2人のク
ピドがいる。ひとりは愛の矢を
放つエロス、もうひとりは愛を
冷ます鉛の矢を放つアンテロス
（反エロス）なのだろうか。ある
いは動画のない時代、気まぐれ
でせわしないクピドの動きを複
数の同一人物を描く手法で示し
たとも考えられる。

フランチェスコ・ペセリーノ
《愛、貞節、死の勝利》

1450頃　テンペラ・金箔／板
45.4×157.4cm
イザベラ・スチュワート・
ガードナー美術館蔵 (ボストン)

ペトラルカの叙事詩『凱旋』
をもとに、「愛」「貞節」「死」
の擬人像が左から右へと行
進。赤い翼を持つ「愛」は
画面中央を歩く恋人たちに
向けて矢を放っている。

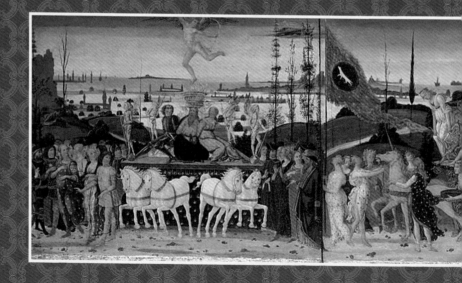

ヤコポ・デル・セッライオ
《愛と貞節の勝利》

1480-85頃　テンペラ／板
75.5×89.5cm（左）、76×86.5cm（右）
バンディーニ美術館蔵（フィエーゾレ）

横長の2枚の板に描かれた
この作品は、当時イタリアで
婚礼用に作られたカッソー
ネ（長櫃）、または隙間風を
防ぐスパリエーラ（衝立板）
であった可能性が高い。

マンテーニャのタロット
〈金星──ウェヌス〉

Mantegna Tarot
1465頃　イタリア　大英博物館蔵（ロンドン）

ルネサンスの画家マンテーニャの作と誤解
されていた50枚パックの絵札の1枚で、愛
の惑星である金星を描く。右に三美神が描
かれ、空には愛の女神ヴィーナス（ウェヌ
ス、アフロディテ）につきものの鳩、そし
て左にクピドが描かれている。水から陸に
上がろうとしているのが「金星＝ヴィー
ナス」で、手に貝を持ち、頭に花を飾っ
ている。

ローゼンワルド・シート
〈恋人〉

Rosenwald Playing Cards
15世紀　イタリア
ナショナル・ギャラリー蔵（ワシントン）

巨大なクピドの下で、貴婦人の前
にひざまずき、愛をささげようと
する若者が描かれている。右頁の
「ミンキアーテ・タロット」とも共
通する構図である。

ミンキアーテ版
〈恋人〉

Minchiate Tarot
1860–90頃　イタリア／フィレンツェ
フランス国立図書館蔵（パリ）

　ルネサンス時代にフィレンツェで誕生した
97枚1組のタロットのバリエーション。
愛を誓い、ひざまずく男性に女性が冠を
載せようとしている。一方、愛のクピド
はその男性に直接、矢を射ようとしてい
る。まさに愛が成就する瞬間である。

作者不明のパリジャンのタロット
〈恋人〉

Tarot Anonyme de Paris
1600–50頃　フランス／パリ
フランス国立図書館蔵（パリ）

　歴史的な「恋人」札の中で最も猥雑で性
的なイメージの強いもの。2人は官能的
に抱き合い、女性が男性の股間に手を置
いているのがわかる。

サンドロ・ボッティチェリ
《春》
1480頃　テンペラ／板　207×319cm
ウフィツィ美術館蔵（フィレンツェ）

鬱蒼とした森の中、花の女神
フローラの出現とともに春の
訪れが告げられる。中央に佇
む愛と美の女神ヴィーナスの頭
上では、目隠しをした息子のク
ピドが気まぐれに矢を放とうと
している。その先には三美神の
ひとりで、こちらに背を向けて
いる「貞節」の姿が――。こ
の後、彼女は愛を知ることに
なるのだろうか。

マルセイユ版タロットの世界

文・夢然堂

図版4種、デザインの基本構造は共通している。上空に愛の神クピド、地上には3人の人物。目立った違いとしては、ブザンソン版のクピドのみ目隠しをしており、背中の羽も妙に昆虫めいた形であること。恋の盲目性や、低俗な愛を表すものだろうか。

さてこの構図、タロット史的にはマルセイユ版独特のものと言ってよい。そのイメージ構造の重層性は際立っており、可能な解釈の多様さはとても語り尽くせないが、とりあえずその一端を示してみよう。

マルセイユ版の札名"L'AMOUREUX"は、正確に訳すと「恋する男」。よって下部中央の男性が、どうやらこの札の主役らしい。その姿は、左右どちらの女性を選ぶべきか逡巡している様を連想させる。そこで古来取り沙汰されたのが、よく知られたモチーフである「ヘラクレスの選択」との

共通性である。15世紀フィレンツェの哲学者マルシリオ・フィチーノの記述に従えば、その選択肢とは第2巻「女教皇」「女帝」の項で触れた対照的な二神、力強きユノーと快楽のウェヌスであった。アグリッパ著『オカルト哲学』によると、ピュタゴラス学派は6という数字（＝この札の番号）を、これら二柱の女神に帰していたとのことである。

さらに、四元徳のうち唯一マルセイユ版に見当たらない「深慮」（賢慮ともいう）の居所を探るべく、残りの三美徳札の番号を合計してみよう。

8（正義）＋11（力）＋14（節制）＝33。数秘術的に還元すれば（3＋3でも、アグリッパ式に可能な限り9を引き続ける形でも）6で、「恋する男」となる。「選択」に「深慮」は不可欠。その名とおりに姿を見せたがらない「深慮」の、いわば隠れ家のひとつがこの札であるらしい。

ルノーのブザンソン版〈恋人〉

The Besançon Tarot by Renault

19世紀前半　フランス／ブザンソン　夢然堂蔵

ルヴァンのニコラ・コンヴェル版〈恋人〉

Tarot of Marseilles by Nicolas Conver
1860年代頃　フランス／マルセイユ　夢然堂蔵

カモワンのニコラ・コンヴェル版〈恋人〉

Tarot of Marseilles by Nicolas Conver
19世紀末　フランス／マルセイユ　夢然堂蔵

ミュラー版〈恋人〉
Tarot of Marseilles by J. Muller
19世紀末頃　スイス／シャフハウゼン　夢然堂蔵

ヴィアッソーネのピエモンテ版〈恋人〉
Piedmont Tarot by Alessandro Viassone
1900年前後（?）　イタリア／トリノ　夢然堂蔵

＊各パックについては第1巻「愚者・奇術師」〔17〜19頁〕で解説

名画に見る〈恋人〉

アンニーバレ・カラッチ
《分岐路にあるヘラクレス》
1596 油彩／カンヴァス 166×239cm
カポディモンテ美術館蔵（ナポリ）

ギリシャ神話の英雄ヘラクレスが、楽器や演劇の仮面を傍に置く「快楽」と、来る困難の暗示である曲がりくねった道を指差す「美徳」から選択を迫られている。主題と構図がマルセイユ版を想起させる。

ピーテル・パウル・ルーベンス
《パリスの審判》

1632-35頃 油彩／板 144.8×193.7㎝
ナショナル・ギャラリー蔵（ロンドン）

「最も美しい者へ」と刻まれた黄金のリン
ゴをめぐって3人の女神がその称号を主
張。パリスは絶世の美女ヘレネを与える
と約束したヴィーナスを選ぶが、この決
断がトロイア戦争勃発の発端となる。

フランソワ・ド・ポワリーの
ミンキアーテ版
〈愛〉

Minchiate by François de Poilly
1658-93　フランス
フランス国立図書館蔵（パリ）

目隠しをしたクピドが宙に浮かんでいる。
手にしているのは通例の弓矢ではなく豊
饒の果実だろうか、あるいは花だろうか。
クピドは気まぐれに豊かな愛をもたらす
のだ。

オズヴァルト・ヴィルト・タロット
〈恋人〉

Oswald Wirth Tarot
1889　フランス／パリ
フランス国立図書館蔵（パリ）

19世紀のオカルト主義者オズヴァルト・
ヴィルトが制作したタロット。「恋する男」
と解題されたこの札を、ヴィルトは美徳
と悪徳の間で選択を迫られるヘラクレス
であると解釈し、「自覚的人間の意志行為」
の象徴だとする。

13.

MARIAGE.

Le Grand Prêtre

UNION.

13.

グラン・エテイヤ
（タロット・エジプシャン）
〈結婚〉

Grand Etteilla or Tarot Égyptien
1875-99頃　フランス／パリ　鏡リュウジ蔵

18世紀フランスの占い師エテイヤ
が制作した史上初の「占い専用」
タロット。通常のタロットとは構
成が大きく異なり、「恋人」に相当
すると見られるのがこの札。「司祭
長」というタイトルが与えられ、結
婚、契約の意味があるという。

名画に見る〈恋人〉

ウィリアム・ブレイク
《誘惑とイヴの堕落》

1808　ペン・水彩／紙　49.7×38.7cm
ボストン美術館蔵

木の下に佇むのはウェイト゠スミス版「恋
人」の着想源と思しきアダムとイヴ。イ
ヴは蛇にそそのかされ、禁断の実を口に
している。幸福だったはずの無垢な恋人
たちは直後に楽園追放の憂き目にあう。

ウェイト=スミス版
〈恋人〉

Waite-Smith Tarot
1910　イギリス／ロンドン
夢然堂蔵

現代のタロット文化に最大
の影響を与えたウェイト＝
スミス版。愛のクピドは大
天使に取って代わられ、堕
落前のアダムとイヴの無垢
なる愛が描かれる。男性の
背後には生命の木が、女性
の背後には知識の木が立っ
ているのがわかる。

THE LOVERS.

01.

コズミック・トライブ・タロット

The Cosmic Tribe Tarot by Stevee Postman

🌐 stevee.com

このパックには「恋人」が3枚含ま
れる。男性同士、女性同士、そして
男女のカップルだ。異性愛中心だっ
た古い規範を打破し、タロットを多
様性に開く大胆な試み。

item. the lovers
fig. VI

02.

アンティーク・アナトミー・タロット

The Antique Anatomy Tarot / First Published by Abrams Noterie in the US and Ilex press in the UK, copyright © Quarto Publishing plc. Reproduced by permission of Quarto Publishing, an imprint of Quarto Publishing Plc. Artwork by Claire Goodchild.

⊕ black-and-the-moon.myshopify.com
◎ blackandthemoon

ヴィンテージの解剖学的人体イラストレーションとボタニカルアートをコラージュしたパック。「恋人」のカードには「ハート」を花と組み合わせてデザインされている。

03.

テンペスト・タロット・デッキ

Tempest Tarot Deck
Tarot By Maisy / Valery Vell

⊕ tarotbymaisy.com
◎ tarotbymaisy / valery_vell

「海」にまつわる神話やおとぎ話をテーマにしたタロット。「恋人」のカードでは人間の男性と人魚の女性の恋を描いている。ユング心理学では、女性の人魚は男性の心の中の魂の像アニマの典型的な表象である。

VI

THE LOVERS

近現代絵画に見る
恋人
—— 幸福の絶頂もつかの間、
恋人たちを待ち受ける死の運命

文・千田歌秋

ハンス・トーマ
《アダムとイヴ》

1897　油彩／カンヴァス　110×78.5cm
エルミタージュ美術館蔵（サンクトペテルブルク）

　恋人のカードには、アダムとイヴなどの恋人たちのほか、彼らを翻弄するクピドや、彼らの行動を見守る天使が描かれる。この第三者たる超越者に、恋人の未来は左右されることになる。

　トーマのアダムとイヴはこの後、禁断の実を食べて羞恥を覚え、白い布で裸を隠すことになるだろう。露わになった骸骨は、天使に代わる超越者として、2人が楽園を追われ、死すべき存在になることを告げるのである。

　クリムトの絵の超越者は上空の人物たちで、幼年、青年、老年、死などを象徴する。はかない恋に陶酔し、刹那的な快楽に耽溺する恋人たちは、永遠の愛を誓い合うが、老いと死の運命から逃れることはできないのだ。

グスタフ・クリムト
《愛》
1895　油彩／カンヴァス　62.5×46.5cm
ウィーン・ミュージアム蔵

恋人からの
メッセージ

★ 愛のエネルギーが人生を突き動かす ★

恋人の札の構図にはいくつかのパターンがある。
大きく分けて、2人の人物が見つめ合い、
愛を交わそうとしているものと、
ひとりの人物が2人（ないし複数）の人物の間で
選択を迫られているように見えるものだ。
前者の場合であれば素直に愛が成就する、
あるいは2人の間で愛が醸成され始める、
という解釈が順当だろう。
後者であれば、自分にとって本当に大切な、
愛すべきものを選び出し、つかみ取ることが
必要になることを示すように思われる。
いずれにしても自分の人生を突き動かす
愛のエネルギーの強さを示すカードだ。

Love /恋愛

今、まさに愛が成就しようとしている。
相手と気持ちが通じ合い、
その絆を確かめ合うときが来たようだ。
ただ、それについてはあなたの中で自分の気持ちを確かめ、
自覚的にこの愛を選び取るのだという覚悟が
必要になるだろう。愛には決意も必要なのだ。

Work /仕事

「愛する」対象は、何も結婚相手や恋人だけとは限らない。
自分が取り組む仕事に愛をささげるということも十分あり得る。
このカードが出たときには、あなたは恋をするように
向き合うことができる仕事と出合えるかもしれない。
情熱を傾けられる仕事を探してみたい。

Relationship /対人関係

交渉事については吉と出ている。相手とフェアな関係を
築きながら人間関係を深めていけるときだ。
そして本当に深い関係を作るためには、
相手を広い意味で「好き」になることが必要でもある。
また直観的に好意を感じた人が
今後のキーパーソンになる可能性大。

CLARVS INSIGNI VEHITVR TRIVMPHO ·
QVEM PAREM SVMMIS DVCIBVS PERHENNIS ·
FAMA VIRTVTVM CELEBRAT DECENTER ·
SCEPTRA TENENTEM

ピエロ・デッラ・フランチェスカ
《ウルビーノのモンテフェルトロ伯夫妻》裏面より
1473-75頃　ウフィツィ美術館蔵（フィレンツェ）

VII

THE CHARIOT.

ウェイト＝スミス版〈戦車〉
Waite-Smith Tarot
1910　イギリス／ロンドン　夢然堂蔵

戦車

「戦車」という厳しい名称ではあるが、これから戦いに赴くのではなく、勝利をあげてまさに今、帰還したところを描く。西欧に古くからあるこの「凱旋」の概念とともに、「戦車」が示す象徴的な意味とメッセージを紐解いていこう。

7

戦車 / *The Chariot*

勝利を祝い、凱旋する
華やかな祝祭のパレード

戦車というと現代では大砲を搭載した兵器を想像しがちだが、タロットの「戦車」（Chariot）はそれではない。ルネサンス時代から現代に至るまで主流のカードを見ていただければわかるが、タロットの「戦車」は戦場に赴くものものしいタンクではなく、華やかなパレード用の山車（だし）なのだ。

その起源は古代ローマにさかのぼる。武功を得た将軍が故郷に戻って見せる凱旋行進。それは動く華やかな舞台だったのだ。初期のタロットでは天蓋付きの「戦車」に、優美な女性を乗せた姿も描かれている。このようにたおやかな「戦車」ではそもそも戦いに向かうことなど不可能だろう。とはいえ、その勝利の栄冠の背後にはやはり「戦い」があることも忘れてはなるまい。

またこのカードはタロットの切札の歴史そのものと深く関わっている可能性があることも重要だ。タロットの切札（ト

リオンフィ）は、ルネサンス時代に行われた凱旋（トリオフィ）のパレードから着想されて生まれたという説があるのだ。切札のゲームでは先行して出された札より「強い」札を次のプレーヤーが出さなければならない。それは、祝祭のパレードで、次々により強く価値ある存在が戦車で通過していくのと似ている。タロットの構造の秘密の鍵は、この札にあるかもしれないのだ。

《プラトンによる『パイドロス』で説かれる
魂の馬車の寓意》
『ル・マガザン・ピトレスク』の挿絵 (1856)

ヴィスコンティ・スフォルザ版
〈戦車〉

Visconti-Sforza Tarot
1480–1500頃　イタリア／ミラノ
モルガン・ライブラリー・アンド・
ミュージアム蔵（ニューヨーク）

現存する最古のタロットのひとつ。
勝利の将軍ではなく、優美な女王
のような人物が戦車に乗っている。
その衣にはヴィスコンティ家の家
紋である「光輝の太陽」が見える。
馬に翼をしつらえてあるのは、こ
れが実用的な戦闘車ではなく、パ
レード用のものであることをはっ
きりと示している。

ヴィスコンティ・ディ・
モドローネ・タロット
〈戦車〉

Visconti di Modrone Tarot
1445頃　イタリア
イェール大学図書館蔵（ニューヘイブン）

天蓋付きの山車が白馬に引かれ、
優美な女性を乗せている。この女性
は左手に王笏を持ち、右手にはヴィ
スコンティ家とゆかりの深い鳩の紋
章が描かれた盾を持っている。

タロッキ・フィーネ・ダッラ・トッレ
〈戦車〉

Tarocchi Fine dalla Torre
17世紀　イタリア／ボローニャ
フランス国立図書館蔵（パリ）

17世紀のボローニャが制作地とされるタ
ロット。翼のあるヘルメットをつけた若
い戦士が宝珠と剣を手に持って凱旋する。
山車を引く馬は羽で飾られていて、これ
がパレードであることを示している。

シャルル6世のタロット
〈戦車〉

Charles VI Tarot
1475–1500頃　イタリア
フランス国立図書館蔵（パリ）

王笏ではなく、斧を手に持っているのが
目を引く。この版の「戦車」も、乗って
いる人物は着飾った上に無防備であり、車
も豪華であるのが目につく。「シャルル6
世のタロット」という名は俗称で、実際
には15世紀半ば以降の作品。

MARIE·XXXXV· 45

ルネサンスの画家マンテーニャ
に誤って帰せられてきた50枚1
組のパックから、軍神である「火
星」を描く札。火星神マルスは
甲冑で全身を覆うが戦闘態勢に
はない。足元の動物はマルスに
つきものの狼だが、これも休ん
でいるようだ。

名画に見る〈戦車〉

フランチェスコ・デル・コッサ
《月暦図：5月》(部分)

1469-70　フレスコ壁画
スキファノイア宮殿蔵 (フェッラーラ)

フェッラーラのスキファノイア宮殿「月暦の間」はギリシャの神々による勝利の凱旋を描いた壁画で知られる。本図では太陽神アポロンが凱旋車に乗り、彼が守護する詩や音楽のモチーフが散りばめられている。

名画に見る〈戦車〉

ハンス・ブルクマイアー
《皇帝マクシミリアン1世の凱旋》

1516–19頃　木版／紙　38×38cm
ヴィクトリア・アンド・アルバート博物館蔵
（ロンドン）

神聖ローマ皇帝マクシミリアン1世の確固たる地位を後世まで伝えることを目的とした、大規模な壁画プロジェクトのための下絵。ローマ帝国時代を思い起こさせる豪華な凱旋車のデザインに目を奪われる。

ソーラ・ブスカ・タロット
〈デイオタロス〉

Sola Busca Tarot
15世紀後半　イタリア　ブレラ美術館蔵（ミラノ）

ミラノのソーラ・ブスカ家が所有していたこのパックにはローマ時代の軍人や戦士が多く登場する。ユニークなかたちの山車に座しているのは紀元前2世紀の小アジア、ガラテアの王デイオタロスであるとされる。デイオタロスという名は「神の牡牛」を意味するという。

作者不明のパリジャンのタロット
〈戦車〉

Tarot Anonyme de Paris
1600–50頃　フランス／パリ
フランス国立図書館蔵（パリ）

驚くべきことに、この戦車を引いているのは馬ではなくガチョウだ。意味するところは不明だが、当時のタロット制作者のユーモアのセンスが感じられる。

43

マルセイユ版タロットの世界

文・夢然堂

　鎧をまとい冠を戴いた男性を乗せた、2頭立ての馬車。4種いずれのパックも、その基本的な構図は変わらない。車両前面の盾形紋には、コンヴェル版やブザンソン版のように手がけた業者のイニシャルが入ることが多い。

　札名の"chariot"を17世紀のフルティエール辞典で引くと「凱旋式の」、さらには「太陽の」chariot、といった用例が出てくる。

　往時のフランスでは、国王の各都市への「入市式」が盛んに催されていた。記録によると、16世紀のリヨン（マルセイユ版のルーツといわれる）で行われたそれは、古代ローマの凱旋式風のものであったという。それに則するなら、戦場に赴く姿でなく、勝利を収めて帰還した晴れの姿、ということになろう。

　15世紀フィレンツェで制作された占星術関連図像の「太陽」図（バルディーニ作）は、乗る人物の装いからポーズまで、描かれた太陽神の馬車が「戦車」札そっくりであることが注目される。同図のように太陽の馬車は4頭立てが本来だが、同時期にヴェネツィアで出版されたダンテの『神曲』挿画など、2頭立てで描かれた例も複数ある。思えば、この札に与えられた番号の7は、古くから太陽神アポロンの数字とされている。

　アポロンは、かつてフランス王室が積極的にイメージ戦略に利用した神格であった。マルセイユ版完成期の「太陽王」ルイ14世は言うに及ばず、その父ルイ13世（1601年生まれ）も、かの神の姿で描かれたメダルや版画を残している。

　札番的に、「皇帝」や「教皇」よりも上位にある「戦車」。この札に、フランスの民は栄光ある「我らが王」を重ね合わせたのではないか。決してありえない想像ではあるまい。

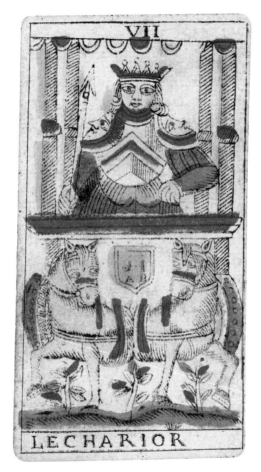

ルノーのブザンソン版〈戦車〉

The Besançon Tarot by Renault
19世紀前半　フランス／ブザンソン　夢然堂蔵

ルヴァンのニコラ・コンヴェル版〈戦車〉

Tarot of Marseilles by Nicolas Conver
1860年代頃　フランス／マルセイユ　夢然堂蔵

カモワンのニコラ・コンヴェル版〈戦車〉

Tarot of Marseilles by Nicolas Conver
19世紀末　フランス／マルセイユ　夢然堂蔵

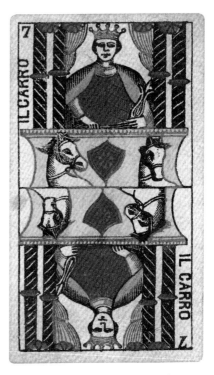

ミュラー版〈戦車〉

Tarot of Marseilles by J. Muller
19世紀末頃　スイス／シャフハウゼン　夢然堂蔵

ヴィアッソーネのピエモンテ版〈戦車〉

Piedmont Tarot by Alessandro Viassone
1900年前後（?）　イタリア／トリノ　夢然堂蔵

＊各パックについては第1巻「愚者・奇術師」〔17〜19頁〕で解説

名画に見る〈戦車〉

フランチェスコ・ペセリーノ
《名声、時、永遠の勝利》

1450頃　テンペラ・金箔／板
42.5×158.1cm
イザベラ・スチュワート・ガードナー美術館蔵
（ボストン）

先の「恋人」でも取り上げた、ペ
トラルカの『凱旋』を下敷きに
した板絵〔12-13頁上〕の対作品。
左から凱旋車に乗る「名声」、翼
を持つ老人として表されている
「時」の擬人像、そして最後に勝
利する「永遠」をキリスト（神
の栄光）が象徴している。

グイド・レーニ
《アウローラ》

1612-14頃　フレスコ壁画
280×700cm　パッラヴィチーニ・
ロスピリオージ宮殿蔵（ローマ）

暁の女神アウローラ（エーオース）が太陽神アポロンの馬車を先導。彼らが前に進むことで世界に光がもたらされるさまが描かれている。アポロンを取り囲むのは時を司る女神たち。

ミンキアーテ版〈戦車〉

Minchiate Tarot
1860-90頃　イタリア／フィレンツェ
フランス国立図書館蔵（パリ）

裸身の女性がまるで踊るように山車の上
に乗っている。この山車は貴族の椅子に
馬をつないだようなデザインで、そこに
立つ女性のダンスは実に印象的だ。16世
紀フィレンツェに起源を有するこのパッ
クは通常の1パック78枚と異なり、97枚
からなる点がユニークである。

ミテッリ・タロッキ〈戦車〉

Tarocchini Mitelli
1660-70頃　イタリア
フランス国立図書館蔵（パリ）

ジュゼッペ・マリア・ミテッリが17世紀ボ
ローニャの伯爵の注文で制作したパック
とされる。山車に乗っているのは豊満な
胸を露わにした女性。この女性が手にし
た紐は2羽の鳩とつながっているが、こ
の鳩は山車を引けるだろうか。

フランチェスコ・プリマティッチオ
《太陽と月の二輪馬車》
1527　フレスコ壁画
テ離宮「太陽の間」蔵（マントヴァ）

マントヴァのテ離宮「太陽の
間」の天井装飾画。下から見
上げるような角度から描く仰
視法（ソット・イン・ス）を用
いて馬車の裏側が巧みに描か
れている。アポロンの馬車は
やがて去り、上部に見える月
の女神ディアナの馬車が天空
を駆ける。

オズヴァルト・ヴィルト・タロット
〈戦車〉
Oswald Wirth Tarot
1889　フランス／パリ
フランス国立図書館蔵（パリ）

19世紀フランスのオカルト主義者オズヴァルト・ヴィルトが制作したタロット。タロット＝エジプト起源説の影響を受けて馬がスフィンクスに変わっていることに注目。ヴィルトによれば、この王は物質を乗りこなす魂の上位の働きを表す。

グラン・エテイヤ
（タロット・エジプシャン）
〈不和〉
Grand Etteilla or Tarot Égyptien
1850-90頃　フランス／パリ
フランス国立図書館蔵（パリ）

フランスのオカルト主義者エテイヤが史上初めて占い専用に制作したタロット。「アフリカの専制王」というタイトルが与えられているが、圧政を敷いたユダ王国の王レハブアムを描くとも推測される。占いでは法廷問題に関する凶事を示すとされている。

ウェイト゠スミス版〈戦車〉
Waite-Smith Tarot
1910　イギリス／ロンドン　夢然堂蔵

20世紀を代表するオカルト的タロットの
ひとつ。左頁のヴィルト版とウェイト版
はともに、頭上の星や白と黒のスフィン
クスから、19世紀のオカルト主義者エリ
ファス・レヴィの影響が色濃いことがわ
かる（左図）。

２体のスフィンクスが
タロットのエジプト起源説を強調

エリファス・レヴィ著
『高等魔術の教理と祭儀』（1896）より
〈ヘルメスの戦車〉

01.

タロット・クリオロ

Tarot Criollo / Illustration by Silvana Perdomo
@silvanaperdomo
Whole project direction by Zambo Studio for Tauta

⊙ silvanaperdomo

コロンビアの8名の女性イラストレーター
たちの競作になるタロット。鮮やかな色彩
とその現代的な着想が目を引く。「戦車」に
はキャップを飾り天蓋付きの自動車に乗る、
素朴でやんちゃそうな若者が描かれる。

02.

タロット・オブ・ドローニング・ワールド

Tarot of the Drowning World
by Nicholas Kahn & Richard Selesnick

⊕ kahnselesnick.biz
⊙ kahnselesnick

「溺れる世界」という名を冠したタロット。
登場人物がすべて水に沈められている。す
べてのカードがジョン・エヴァレット・ミ
レイの「オフィーリアの死」を想起させる
ような幻想世界へと変容されている。

The Chariot

アニマ・ムンディ・タロット

The Anima Mundi Tarot
by Megan Wyreweden

🌐 thecreepingmoon.co
📷 thecreepingmoon

「アニマ・ムンディ」とはラテン語で
「世界の魂」の意味。古代ギリシャ以
降、世界を覆う魂が存在すると考え
られてきた。このパックでは作者の
自然界への愛が動植物、風景などで
表現されている。

04.

エンブロイダード・
フォレスト・タロット

The Embroidered Forest Tarot
by Alicia Vamvoukakis

🌐 theembroideredforest.com
📷 theembroideredforest

刺繍でデザインされたユニークなパッ
ク。ウェイト=スミス版を下敷きに
79枚すべてを手作業で刺繍したとい
う労作。モチーフには森の生き物た
ちが選ばれ、作者と自然界の緊密な
関係が伝わる。

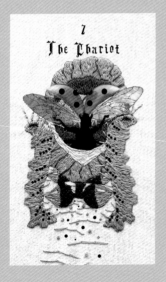

近現代絵画に見る
戦車
──伝統的な馬車から機関車へ、変わりゆく凱旋のイメージ

文・千田歌秋

オディロン・ルドン
《アポロンの馬車》
1905-10頃　油彩／カンヴァス
73.1×54.3cm
イェール大学美術館蔵
（ニューヘイブン）

クロード・モネ
《サン＝ラザール駅、列車の到着》
1877　油彩／カンヴァス　83×101.3㎝
ハーバード大学付属フォッグ美術館蔵（ケンブリッジ）

　軍事、運搬、競技など様々な用途で活躍する戦車だが、タロットでは凱旋のイメージで描かれる。2頭立て馬車に乗って旅立った英雄が、勝利と栄光を手にして故郷に帰って来るのである。

　ルドンは太陽神の馬車を繰り返し描いた。毎朝東天から出発して西空に凱旋する太陽は、神を御者とする栄光の戦車である。未熟な太陽神の息子が乗れば操縦しきれず墜落するだろう。暴れ馬を制御するのは容易ではないのだ。

　モネの時代の人々にとって、蒸気機関車が駅に到着する様子は、新時代到来を告げる凱旋式さながらだったに違いない。巨大な鉄の馬を操る機関士は、英雄のような扱いを受けたであろう。

戦車からのメッセージ

✦ 手綱を握るのは他ならぬあなた自身 ✦

タロットの「戦車」は、戦いのための兵器ではない。
それは戦いに勝利したうえての、凱旋の車なのである。
このカードが現れたときには、
勝利の歓びや人生の充実感を感じられるはずだ。
何らかの成功体験はあなたをさらに
前に進ませていくことになるだろう。
また、2頭の馬を上手に御しているその姿から、
この戦車の乗り手は強い衝動を
巧みにコントロールしていることを示す。
はやる心、強い意志をもっており、勢いもあるが、
しかし性急な衝動に支配されてしまうことはない。
自分がどの方向に向かっているのか、
そしてどうすれば次の勝利に向かうことができるのか。
あなた自身で手綱を操ることができれば、
人生の地平はさらに開かれる。

Love / 恋愛

恋の勝利を味わえるとき。自信を持ってアプローチしよう。
もうあなたはあの人の心をつかみかけているのかもしれない。
引き下がらず、そして弱気にならず、
自分のスタンスをはっきりさせていくことが恋のチャンスを招く。
恋の相手としてはスポーツマン、勢いのある人、移動の多い人。

Work / 仕事

成功の歓びを感じる。ひとつの大きな成果を達成できる。
正しい道を進んでいると実感できる。何をするにも勢いがあり、
まっすぐに正攻法で進んでいくことがさらなる成果につながる。
事態は流動的かもしれないが、ぶれない軸を
作ることができれば、勝利はあなたのもの。

Relationship / 対人関係

あなたがイニシアチブをとるべきときだ。自分の中での
方針を変えないことが周囲の人をも安心させることになる。
相手とのずれや摩擦を感じたときには、自分自身のスタンスを
これまで以上にはっきりさせることで解決法も見えてくる。
旅先での出会いの暗示もあり。勇気ある行動が吉。

対称にならぶ、ふたつの「自己」

石井ゆかり

「侍の娘が男を見染めて恋煩いをするなどとは不孝ものめ、たとえ一人の娘でも手打ちにするところだ」——三遊亭円朝作『牡丹燈籠』の一節である。

武士の相川新五兵衛は、恋煩いで寝込んだ一人娘のお徳を難じる。誰といちゃついていたとか、誰と出歩いていたとか、そういうことではない。お徳はただ、遠くから一人の若者・孝助を見て恋に落ち、その恋心のために病を得て寝込んでしまっただけなのだ。不品行なことは何もしていない。声すらかけていない。なのに、彼女は親になじられている。恋愛感情を持つこと自体が「親不孝」だと言われているのだ。

しかし、彼女は父に言い負かされない。自分はかの孝助殿に、見てくれなんかで惚れたのではない。あの人は主に忠義のひとである。忠義のひとは親孝行なものである。自分は父に恩義を受けているが、我が父は僅か百俵二人扶持、ちょっとしたところから跡継ぎに養子をもらえば、父の立場は相対的に弱くなり、肩身の狭い思いをさせることだろう。その点、身分は低くとも志の正しい人、孝助のような人を夫にしたい、つまり

は自分の恋煩いは、親孝行のためである、と反論するのである。父はこの反論に納得し、孝助の主のもとに交渉に出向くのだった。

特にウェイト゠スミス版に限って言えば、「恋人」と「戦車」のカードは、似ている。どこが似ているかというと、生き物がシンメトリックに並んでいるのである。この特徴は他のカードでは、「悪魔」や「月」にも当てはまる。生き物がふたつ並んでいるこれらのカードには、不思議な共通点がある。「意志や理性ではどうにもならないこと」が含まれているのだ。恋愛感情、闘争心、欲望、感情全般、深層心理。これらのことは、人間がどんなに立派な意志を持ち、理性を備えていても、時に打ち勝ち難い。場合によっては圧倒的な力で人間を振り回し、破滅させることさえある。

しかしその一方で、人間は自分の中に吹き上がり渦巻くそうした力に、なんとか抗おうとする生き物でもある。

引用部のお徳の「反論」は、タテマエとも言えるし、強弁、こじつけとも言える。ただ、そこには純粋な父への思いも含まれていて、まるき

り嘘というわけではない。むしろ、一周回って純真な真実が表れている。彼女を患わせた恋愛感情がエロスなら、彼女の「孝行」は論理、つまりロゴスである。運命の神様（または作者の円朝）が二人を出会わせ、彼女の中にエロスとロゴスがもつれあい、病にまで至るが、それが父との対話とその後の展開によって昇華される。孝助とお徳は、このあとちゃんと夫婦になるのだ。ウェイト版「恋人」のカードに正しい解釈があるとすれば、たとえばこんなストーリーではなかろうか。

この稿を書いている今（2023年11月）、ウクライナとパレスチナには業火が燃えている。業火の「業」は、人間の「業」である。落語は人間の業を語る、と言われるが、戦争もまた、人間の「業」なのだろうか。ウェイト＝スミス版の戦車は、二匹のスフィンクスに引かれている。スフィンクスを果たして、人間が理性的に正しく操れるものだろうか。今の「業火」のありさまとそれを扱う各国、人々のありようを見るに、人間は戦争を理性的にコントロールすることなどできないのではなかろうか。人が人

をはげしく傷つけ、苦しめ、それを正しいといって憚らない。まるでスフィンクスに操られるかのように、日々流れる限りなく残酷なニュースに半ば見とれている人間達がいる。止めるべき暴力を止めるのがこれほど難しいことだと、私は知らなかった。戦車は「スフィンクス」に引かれているのだ。善か悪かも判然とせぬ、神秘の生き物。戦車に乗っている煌びやかな人物は、そのことに気づいているのだろうか。

恋も、戦争も、人間理性では容易に止められない。あるいは、理性にはもっと別な用い方もあるのだろうか。私には解らない。「恋人」「戦車」は一見、無邪気で明るいカードである。でも、前者からは子供が生まれ、後者からは死人が出る。交わりながら生きていく人間の活動が、命を生みもすれば、殺しもする。二枚のカードは、そうした圧倒的な力と、無力ながらそれに対抗しようとする人間の、もがき苦しみを描いているのではないか。最近、そんな気がしている。

（いしい・ゆかり　ライター）

切札一覧（大アルカナ）

* 図版はすべて、ウェイト＝スミス版（1910、イギリス／ロンドン、夢然堂蔵）。
* 掲載順は伝統的なマルセイユ版に基づき、第8番を「正義」（第5巻）、第11番を「力」（第6巻）とした。
* 数札・人物札（小アルカナ）は第12巻に掲載。

0 愚者
The Fool〔第1巻〕

1 奇術師
The Magician〔第1巻〕

6 恋人
The Lovers〔第4巻〕

7 戦車
The Chariot〔第4巻〕

8 正義
Justice〔第5巻〕

9 隠者
The Hermit〔第5巻〕

14 節制
Temperance〔第8巻〕

15 悪魔
The Devil〔第8巻〕

16 塔
The Tower〔第9巻〕

17 星
The Star〔第9巻〕

2 女教皇
The High Priestess〔第2巻〕

3 女帝
The Empress〔第2巻〕

4 皇帝
The Emperor〔第3巻〕

5 教皇
The Hierophant〔第3巻〕

10 運命の輪
Wheel of Fortune〔第6巻〕

11 力
Strength〔第6巻〕

12 吊られた男
The Hanged Man〔第7巻〕

13 死神
Death〔第7巻〕

18 月
The Moon〔第10巻〕

19 太陽
The Sun〔第10巻〕

20 審判
Judgement〔第11巻〕

21 世界
The World〔第11巻〕

鏡 リュウジ（かがみ・りゅうじ）

占星術研究家、翻訳家。1968年、京都府生まれ。国際基督教大学卒業、同大学院修士課程修了（比較文化）。英国占星術協会会員、日本トランスパーソナル学会理事、東京アストロロジー・スクール主幹。平安女学院大学客員教授、京都文教大学客員教授。著書に『鏡リュウジの実践タロット・リーディング』『タロットバイブル78枚の真の意味』（以上、朝日新聞出版）、『タロットの秘密』（講談社）、『はじめてのタロット』（ホーム社）、訳書に『ユングと占星術』（青土社）、『神託のタロット ギリシアの神々が深層心理を映し出す』『ミンキアーテ・タロット』（以上、原書房）など多数。『ユリイカ タロットの世界』（青土社）責任編集も務める。

夢然堂（むぜんとう）

古典タロット愛好家。『ユリイカ タロットの世界』（青土社）では、「『マルセイユのタロット』史 概説」と「日本におけるタロットの受容史」を担当。その他、国内外の協力作品や企画多々。第4回国際タロット賞選考委員。福岡県在住。

千田歌秋（せんだ・かあき）

東京麻布十番の占いカフェ＆バー燦伍（さんご）のオーナー占い師およびバーテンダー。著書に『はじめてでも、いちばん深く占える タロット READING BOOK』（学研プラス）、『ビブリオマンシー 読むタロット占い』（日本文芸社）がある。

写真協力：夢然堂／鏡リュウジ／アフロ（Artothek）／ Photo by Grafissimo/Getty Images〔36頁〕

アルケミスト双書　タロットの美術史〈4〉

恋人・戦車
こいびと　せんしゃ

2024年3月10日　第1版第1刷発行

著者	鏡 リュウジ
発行者	矢部敬一
発行所	株式会社 創元社　https://www.sogensha.co.jp/
本社	〒541-0047 大阪市中央区淡路町4-3-6 Tel.06-6231-9010　Fax.06-6233-3111
東京支店	〒101-0051 東京都千代田区神田神保町1-2 田辺ビル Tel.03-6811-0662（代）
印刷所	図書印刷 株式会社
装幀・組版	米倉英弘・鈴木沙季・橋本 葵（細山田デザイン事務所）
編集協力	関 弥生